U0058832

臺港

相對論

容飛、鄭湯尼、老溫、劉田武
華希恩、列當度、許思庭 合著

 天空數位圖書出版

目　錄

相片集錦

♎台灣的便利店

∩香港的便利店

❶台灣的書店

☺香港的書店

↑台灣的馬路

相片集錦

↻香港的馬路

7

🎧台灣的麥當勞

↑香港的麥當勞

⚲台灣的超市

↑香港的超市

❶台灣的銀行

香港的銀行

台灣的醫院

❶香港的醫院

01

長期病患者的醫院求診經歷

文：容飛

作為長期病患者，定期往醫院專科部門覆診是不會少的事情。香港與台灣，航班旅程不用兩小時，但在兩地醫院求診的經歷與感受卻是天淵之別。

首次掛號

香港：攜帶醫生的轉介信，親身往醫院登記及掛號，由醫院員工安排一個首次看診的日期及報到時間。在這個時刻，病人不知道醫生是甚麼人。

台灣：在醫院的網站已經列出每個專科門診的醫生名字及其在該科的專長，病人可以詳細了解每位醫師而作出選擇向哪位醫師求診，可以在網上開放求診的日子上午或下午時段作掛號，沒有給予確實的報到時間，只有一個候診編號。

報　到

香港：病人要按著給予的時間報到及繳費，每次我均被安排午飯後報到，離開醫院時已經黃昏，可以吃晚飯了。這不是醫生看診時間很長而要長時間停留在醫院，其實是要等候數小時，看診數分鐘往往是病人普遍的經驗。慶幸自己每次被安排在午飯後報到，不用空腹等待。在候診期間，不時聽到有病人向護士查詢何時才輪到他／她，有些病人還表示預約時間在上午，現在仍未吃午飯。不只病人不知道，護士和醫生也答不上。這種情況也不能怪責醫生及護士，他們已經很勞累了，醫生要

待完成處理了住院病人及相關工作，才能來到專科門診應診。最後病人進入看診室時，會見到的那位醫生可以每次都不同人。醫護人員的不足應付病患的需求，作為長期病患者，只能徒呼奈何。

台灣：在預約掛號的那天，可以在醫院的網站或下載手機應用程式查看醫師候診進度，從而決定出發往醫院的時候。這不僅可以避免病人過早到達醫院，白白浪費時光，而且亦減少過多的病人聚集一起。在候診室外，有一電子螢光幕，顯示應診的醫師及護士的名字，以及正在應診的編號及下一位編號。在螢幕下方，插入健保卡便完成了報到程序。即使過了編號，亦會按情況安排在數位輪候者之後。這系統的運作，病人很清晰知道輪候情況，避免過度的等待和減少不安的情緒，亦不會因此而煩擾護士，減少醫護人員體系的負擔，讓護士可以專心盡展其專業才幹。

看　診

香港：前段提及每次覆診也不知道會遇上那一位醫生。長期病患者，往往因為沒有即時生命危險，所以是相隔半年時間覆診一次。曾經在兩年的覆診期內，每次應診的醫生都不相同，也不知道這是好還是不好，只感到在等待了三數小時後，人已經呆了，被醫生簡單問症數句後便離開了。由於我的病患可能會影響身體的其他部位而需要求診其他專科，但必須自行去掛號兩個或更多的專科。作為打工一族的我，實在是不容易請這麼多假的。

台灣：這一年半的日子，每月覆診一次，應診的是同一位醫師，每一次醫師將化驗報告逐項讀出，若有異常指數，便比對過往的，作出用藥的調整。曾經因肝指數不達標，需要接受超音波檢查或者到肝臟科醫生求診。我的醫生便在電腦系統替我作掛號，還安排了下次回來找他覆診的同一天，即不用自己去安排，亦不用往醫院走多一次。

我相信台港兩地的醫護人員均是專業認真看待病人，但在體系運作及資源投放方面，個人的經驗認為台灣的更到位，以病人為本，讓病人更受到尊重；同時亦減輕了醫護人員一些不必要的負擔。

02

不良於行者的日常之「路」

文：容飛

十多年前首次來台灣旅行，已經喜歡上台灣這個地方。往後每年，也安排三次到台灣自助式旅行。除了熱門景點外，還喜歡在各處街道巷弄四處走走看看，因台灣這方面與香港呈現很不同的面貌。撇開台北，台灣整體人口密度不高，有不少人仍住在三、四層的透天，巷弄中沒有路人的專用道。香港人口密度高，大多的樓宇均二、三十層或更高，設有路人的行人道。

在台灣，機車的普及程度很高，穿梭於巷弄甚為方便。機車相對於香港的電單車，不同的是台灣按排氣量分為不同的牌照。這些透天的騎樓彷彿形成了路人的走道，可能因各自的設計，不同透天的地台高低會有不同，故此在相連處或會有一個或兩個的台階，不像香港的行人路那麼平順。香港人慣常地於走路時看手機，在台灣走路有這個習慣便可能會有一腳踏空的情況出現。台灣人亦習慣將機車，甚或轎車停放在所住的騎樓。也許基於這些習慣，在一些大樓和公園外的「人行道」上會有機車行駛及停放的。行動不便的我在台階上落不容易，也改為沿馬路旁邊走。旁邊有轎車或機車駛過，起初也會有心驚。觀察自己及其他路人的情況，只要路人走動時不會有太大的左右移動，司機總會預留了足夠的空間安全駛過的。

在台灣人車同路的情況更是普遍，與香港的人車分路是截然不同的體系。

在香港，路人橫過馬路，只要在行人綠色燈號亮起時，大致上便不用擔心有車輛駛過。台灣方面，當行人綠色燈號亮起時，直行線上的車

22

輛不可以駛過，但轉彎的車輛是可以駛入的。十多年前在不知情下首次遇上時，也有點突然，即刻急步走過。及後觀察，大多數司機都會扭軚後，便停下來等待路人經過才會駛過。老弱傷殘的往往未能在行人綠色燈號完結前完全橫過馬路，因病的我也常常如此，差不多全部的司機不是在老遠便停下來等待，就是保持極為緩慢的速度，沒有響號。也許這與巷弄人車同路有微妙的延伸，又或者如不少人所說台灣是情、理、法的次序。

在香港若是未能及時在綠燈完結完成橫過馬路，往往見到的是車輛車速保持原有速度的駛過來，又或是聽到不耐煩的響號聲。是的，司機沒有任何錯誤，燈號轉換了，路面的使用權便轉換了。響號是提醒行人加快步伐過馬路的簡單方法。可是，對我們這些需要多一點時間才能完成橫過馬路的人，日常的過馬路也有不少的壓力。

每處地方，也會有冒失急進的司機，台灣和香港亦不會有例外。在台灣的新聞中，也多次得知有司機失控，車輛撞入騎樓，甚或店面內。有時在騎樓內的視線被遮擋，聽到異樣聲音亦不知如何作出反應。

兩地路面情況不同，反映的社會面貌也不同。個人覺得好壞對錯不容易評論，往往可能是一得一失的選擇而已。但不論怎樣，在馬路上走總要懷著警覺的心。

臺港相對論

03

外食體會點滴

文：容飛

　　在香港，興之所至想到某間食店吃東西，只管去便是。不用擔心食店休息。香港的食店大多年終無休，擔心的只是人氣旺的食店沒有位子而已。在台灣，大多數的食店均有公休日，公休日不會營業。普遍食店的公休日是固定某一天，如星期一，亦會有一些食店不只一天公休日，甚至有些食店的公休日是不定期的。食店若然在非固定公休日以外的日子休息，大多數會在 FB 上發放消息。在台灣，往食店前要先在 Google 及 FB 查看是否休息，否則隨時白走一趟。

　　在台灣，外帶（香港稱外賣）十分普遍，不少人騎著機車到食店外帶。除了親自往食店購買外，台灣的外送平台十分盛行，如 UBEREATS 或 FOODPANDA。凡是可以便當（類近香港的盒飯，不同的是除了主菜外大多有三至四款配菜）形式呈現的，價錢又符合消費模式的，這些食店大多有不少人透過外送平台購買食物飲料。落戶在台中，認識的台中人平日午飯的消費往往在 100 元新台幣以下，晚飯在外食時也是百多元而已。曾經一次午飯吃百元新台幣的便當，這食店早上十一時三十分開店，我與太太二人十一時四十五分入座，店家已經表示有兩款丼飯沒有了，另外一款丼飯只剩下一客。起初還以為是早一天賣完未及時回補食材，不曾想及開店十五分鐘賣完這麼厲害。坐下不到十五分鐘我知道想法錯了，看到機車絡繹不絕停在店外，有自駕的、有外送平台的，進來說早前電話訂了丼飯。看了，我也傻眼了，直至餐點來了，我明白了原因，性價比（CP 值）真的很高，主菜連配菜都好吃。味道、價錢、便當形式及外送平台的相付相乘是生存成功的原因。平日的節檢，在假

日或慶祝日子，消費可以是數百元或過千元新台幣。台中有一間很出名的大型連鎖燒肉店，坐在其中用餐，會不時聽到生日歌，這是台中人常常慶生的餐廳。我也曾在這燒肉店慶生，的確是質素很好的店子。性格比，在台灣的外食文化中，占有一個不輕的位子。

與大型或連鎖的食店比較，個人更喜歡到小食店。喜歡小店，是喜歡那份「朋友」的相處。到訪小店數次，店家會記得的，交談閘子會慢慢地打開，更有機會認識其他食客。在台灣，仍有不少一家人經營的店子，可能是兩夫妻、兩代人，這情況在香港已經越來越少了。有一間咖啡店是常常去的，店長沖的咖啡與手工甜點都很棒，她讀國小的女兒放學回家後，會在店內其中一桌子上靜靜地做功課。當客人離開後，她會去整理桌子。當收集垃圾的車子鈴聲響起，她會提起一袋垃圾往收集垃圾的車子追去。另外一次在某夜市的店子，店面滿大，坐下點餐後看見一位坐在輪椅的婆婆，靜靜地看著爐子的方向，婆婆的身旁有一位小孩童，很開心的玩耍中，每隔一段時間會給婆婆一點食物，婆婆很開心地吃。觀察了一些時間，慢慢地發覺婆婆、爐火前的大人和小朋友是一家人。每位家庭成員都有其位置，不論年齡如何，身體狀況怎樣，即使是國小的孩童也學會了照顧家人。一間店子，連繫了幾代人，亦賦予了每代人的角色。也許在某些地區，藉著經濟活動的因素，年輕人會北漂尋找工作機會，這種情景會越來越少，但這圖畫於我始終是很深刻的，香港已經很少見到這種情景的小食店了。

臺港相對論

04

台中坐公巴的日子

文：容飛

　　香港，是一個人口密度高的地方，不只人多，路面車輛也很多。塞車常常出現，特別上下班的時段。若有交通事故發生，情況更為嚴重。記憶中有一次在九龍西一處地方有汽車相撞，環環相扣地令到九龍多處地方交通癱瘓。塞車以外，找停車位也不是易事，且費用也不便宜。多年以來，大多香港人都倚靠大型運輸系統港鐵。在台灣，現時只有台北和高雄有捷運系統（執筆時台中的捷運系統仍在檢測快將開通），在這兩都市以外生活，不少香港人會不習慣，覺得交通不方便。買車子代步便是很自然的決定。

　　十多年前首次來台北自遊行時，有一天的行程是到訪一間手作小店，先乘坐捷運再行了一段不短的路程後，終於到達目的地。離開時店家詢問我們往哪裡去怎知道怎麼走嗎?我們表示會去坐捷運。店家一臉驚訝，表示不用走這麼遠，對面店舖前的公巴（香港稱為巴士）站便有公巴直達。這次開始了我們在台灣乘坐公巴的習慣。起初，在巴士上，還要靠聽車長講出下站是哪一個站，現在公巴上已經有顯示牌，一些公巴站有各路線公巴的到站時間顯示，手機應用程式有公巴的實時到站時間。台灣各地發展步履不盡相同，一些地方會較為緩慢，在台北和台中等大都市在公巴發展方便民眾的步伐比香港還要快。對我們這些在香港時已經很愛坐巴士的人，實在很方便。

　　台中，現時政策以悠遊卡或一卡通乘坐公巴的首十公里，是不用付費的。若沒有卡或超過十公里，則要付費。台中公巴是單層的，沒有香港的雙層巴士。反之，部分行駛台灣大道專用道的公巴是雙節車廂（前

身是 BRT 系統）。公巴設有博愛座（香港稱關愛座）、輪椅優先使用區外，一些公巴還設有導盲犬專用區，關顧不同人的需要，頗貼心的。遇上不少次，公巴車長提醒乘客，特別是長者，找位子坐下。另一方面，也有不少的乘客在下車前向車長道謝，這情境在香港的巴士不易見到。

在香港，巴士多數每到一個站會停一停。但在台中，若站在公巴站望見公巴邢不揮手，巴士隨時不會停站直駛而去。若你在公巴站遲了揮手，或在公巴上遲了按下車鈴，而車長大多願意停下給你上落車。與此同時，很多時也會看到車長會在公巴上透過擴音器，柔聲向乘客不厭其煩地作教育，要提早按鈴或揮車，不然要急忙地停下公巴，對公巴上的乘客或其他路面上的車輛構成不便或危險。即使那位乘客下了車，公巴車長仍會說多數遍，這種由車長對乘客的教育，在香港甚為少見。

也許坐公巴所需的時間較長，但選擇落戶台中，正正是想給自己另一個選擇，慢活人生也不錯，亦是了解一個地方百態的渠道。

05

便利店與超高

文：容飛

　　香港二十四小時營業的便利店主要有三家，分別是 7-Eleven 便利店、OK 便利店及 Vango。台灣便利店已經發展超過四十年，密集度在全球排行第二。現時主要的有 7-Eleven、OK 便利店、全家及萊爾富這四家。便利店在台灣簡稱為超商。

　　台灣超商有不少的食物售賣，如沙拉和生果，熱食區有熱騰騰的蕃薯、香腸、茶葉蛋和關東煮等。當然台港不同，沒有香港的港式燒賣、咖哩魚蛋、撈麵和腸粉等小吃。超商亦有各式飯糰或以飯或烏冬（台灣稱為烏龍麵）的各款便當，店員會代你加熱。有位朋友每次來台灣旅行時，便很喜歡在超商買關東煮及茶葉蛋吃。超商還設有座位，購買後可坐下進食或稍作休息。在香港的便利店，只能在狹窄的店面中立吃。不少的超商還設有洗手間，不論有否消費也可以使用。座位與洗手間，在土地問題嚴重的香港，只可能是一個幻想。

　　除了設有座位及洗手間外，超商還設有櫃員機，可供民眾提款及存款，可說是一種便民設施。另一便民設施是設有一台多媒體事務機，功能十分廣泛，提供列印、掃描、計程車叫車、又可以購買電影票、高鐵票等不同類型的票，還可以報稅、交保險費、申請戶籍謄本和健保費繳費證明等。初到台灣時，第一次接觸這台多媒體事務機是透過其取得高鐵票，那刻的感覺是這台機的功能很棒及超級方便。在新冠肺炎期間，民眾亦可以透過這台多媒體事務機預購口罩及政府因應疫情而發出的振興經濟三倍券。超商，不論在台灣或是香港，也是一處賺取盈利的商

店。不過,在主觀感受層面,台灣的超商較香港的便利店,便民的服務涉及更廣。與此同時,亦對政府政策的推行提供協助。

近年,超商與不同品牌合作,如可口可樂,史努比等,發展品牌聯名店,從店外到店內都彌漫該品牌的氛圍與特色,成為網美或旅客打卡的熱點。與此同步販售獨家商品,打造成風格獨異的複合式超商空間。複合式形態的超商成為近年發展新型態,按照不同的商圈和附近社區的特性來定位哪一種複合模式店。從報導得知,現在住宅型商圈中出現某間新的超商,便為冷凍型店。這店提供一站式服務,由過百項冷凍品可供選購,到現場代客料理及外送服務,以滿足客人需求。

透過大數據的研究,各大超商在不同地方發展對焦於其民眾需要的類型的新店,除了其上提及的品牌聯營店和冷凍型店,還有大店格、特色門市,未來形象店及科技概念店共 21 種類型的複合店。台灣的超商發展,已經漸漸地從傳統的零售模式,發展其獨特風格的形態,成為台灣的另類特色之處。

06

可以逛一整天的超市

文：鄭湯尼

在香港逛超市，無論是多高級的店，都不太可能說是享受，只因香港實在是尺金寸土，所以只能用盡所有可以用盡的空間，以擠滿最多的商品賺取最多的錢。在這樣的環境下，貨架之間的通道只能愈弄愈窄，更甚者是連通道上也擺滿了貨物山，擠得連把購物車推過去都不行，這樣的地方只能令人盡快買完就走。不過在台灣逛超市就是另一回事了，就算只是鬧市中的地下小型超市，都確保可以有足夠的空間行走，而且還有座位讓人坐下等待和吃東西，大型超市就更不在話下，絕對是適合慢活一整天的好去處。

台灣地方較大，所以超市也能提供更多的公共空間讓顧客好好購物，大型超市的貨架通道更闊得可同時容納兩架手推車「雙線對頭行駛」，當然也不會出現像香港的超市般把貨物堆在通道的情況。且如家樂福、Costco、大潤發和愛買等大型超市分店是在一整幢數層樓高的建築物上營運，所以可以像百貨公司按樓層把售賣貨物種類分得很細緻。這樣的話，商家就有很多空間擺放不同種類的貨品發售，以筆者常逛的家樂福為例，光是售賣熟食的地方就跟香港的小型超市差不多大，食物種類也非常多，除香港超市也有的烤雞、小菜和炒飯炒麵之類，竟然連點心、肉包子、天婦羅都有，絕對是讓人想買走然後立即就吃飽吃滿。其他生鮮食品、零食和飲料更是種類繁多，光是放置冰淇淋的冰箱就有一條通道那麼長。

同時台灣的大型超市真的什麼都有，電器部連專業照相機和全套零件都有，當然價錢沒專門店那麼好，不過也能為顧客提供一個選項。有

些超市更是連睡床也有發售，可見店面面積是多麼大。在超市的圖書部也可以購買不同種類的書籍，從兒童類、商業題材、八卦、求神問卜和古籍都有，雖然還沒有做到像咖啡書店那樣提供座位讓人坐下看書，不過也有足夠空間讓小孩子坐在書架旁看書，提升顧客的閱讀風氣。而且台灣人普遍擁有一定顧客質素，就算沒有明文規定不准顧客坐在地上看書，台灣人也很少會像大陸書城的顧客般坐在地上看書看一整天。

　　台灣大型超市也有位置讓餐飲業開店，規模較少的大賣場分店會有一兩家店，較大的更會有一層甚至兩層是飲食店，比如是家樂福就有日式料理、火鍋店、台式料理和中式料理等店，在超市逛累了便可以到其中一所店吃午餐或晚餐，或是吃飽了想走走便到超市選購必需品。最後必須要提一下的就是大型超市都有室內停車場，通常是在頂層或地底樓層，所以就算是下大雨，不想淋雨卻又想逛街，可以選擇駕車到超市，然後再於停車場坐升降機便到超市，相當方便。而且停車場費用只須數十元台幣，部分超市更提供買滿數百元台幣可免費停泊一小時的優惠，所以台灣的大型超市實在是理想的休憩之地。

臺港相對論

07

看醫生大不同

文：鄭湯尼

相信任何人都會有看醫生的機會，無論生活在香港或台灣，甚至世界各地，都總會有生病的時候，也都會去看醫生的。

香港看醫生大部分都會先到診所，當然，如果也可以直接到醫院，但如果是到政府醫院的話，恐怕要排隊都大半天了！而且，若真的有大病需要動手術，在政府醫院隨時要排上一兩年才可以動手術，這些在香港看醫生的情況也不用多說了，在台灣的情況又如何呢？

台灣醫療系統跟香港很不一樣，台灣政府願意投放比較多的資源在國民的醫療健康身上。在台灣生活，生病需要接受治療時，民眾一般都會直接到居住附近的醫院，對一般香港人來說動不動就進醫院看醫生就會比較覺得誇張，其實台灣的醫療診所相對香港來說在比例上是較少的，民眾比較多會願意去醫院，原因是在醫院接受治療，醫療資源、儀器設備、專科都會比較齊全，要接受什麼的診斷時，先不說磁力共震、電腦斷層素描等檢查，就是驗血驗尿的結果也可以在一個小時或當天之內完成，效率非常高，所以一般民眾都比較喜歡到醫院。

當然，如果是小病的話，很多人還是會到醫療診所的，當然檢查設備或藥品就一定沒有醫院的齊全。

除了基本的看診外，在台灣，病人是可以直接向專科醫生求診，而不需要經家庭醫生轉介，當然是有利又有弊，利的是病人直接找專科醫生而不需要浪費診金和時間，弊的是病人可能會誤找醫生扣錯門。

在台灣一般民眾看醫生，因為有健保關係，通常診所會開三天的藥，而醫院除非是長期病患者，否則頂多是一星期的藥，如果要多幾天的藥就需要自費購買藥品了，有一些因為是長期病患者的藥比較多，醫院會開出一些證明單據，病人可以在外面的註冊藥局購買到所需要的藥品，而不需要回到原本醫院內購買，這方面基於台灣是醫、藥分家的，而醫院內或是藥店必然會有註冊藥劑師為你說明藥品的應用方法以及注意事項。

台灣的醫院多能夠在網路上供民眾先掛號預約，網絡也會隨時更新當下及求診進度，使得民眾在排隊或求診的時候不會浪費太多時間。

台灣有中西醫可供民眾選擇的，除了西醫之外，健保也包括中醫或跌打，有時候根據病人需要，病人可同時接受中西醫治療，中醫就比較採用中藥粉配製藥包，當然也會有中草藥煮製的服務，但就不包括在健保補貼費用之內了，需要病人自費服用。

08

電影譯名大不同

文：鄭湯尼

　　每一部西方電影都會有一個中文片名，當然就是由當地的電影人員去作釋譯，由於香港是用粵語，而台灣是國語，而且翻譯的風格也不一樣，所以，有不少的電影名字，台灣與香港相差真的還不少呢。

　　剛來台灣讀書時（即三十年前），會發現台灣的電影名字都很長，而且愛用意譯，最經典當時看過一部迪士尼電影：《Honey, I Shrunk the Kids》，台灣譯名是《親愛的，我把孩子縮小了》。那時約台灣朋友看，在電話裡把整部電影名字喊出來時，那種感覺真的很奇特。因為要講那麼多個字才說得完，這在香港的電影名字真的比較罕見，而這部電影的香港譯名是《豆釘小靈精》，五個字相對比較精簡，但卻因為「豆釘」是粵語，如果不懂粵語的人，是看不懂這名字。相反，這譯名很長，卻完全表達了電影的意思。

　　本篇文章並不是要來比較兩地的譯名熟優熟劣，只是分享有趣的不同譯名而已，每個地方都有獨特的文化，不存在好與壞的。也因為喜歡看電影，自然留意不同的電影譯名。

　　在大學期間，甚為喜歡的一部愛情電影：《Forever Young》，香港譯作：《天荒情未了》；台灣譯作：《今生有約》。香港那年代，頗愛用「情未了」這三個字，雖然稍多，但卻可以知道情真的未了，而到了天荒也依舊情未了，也可以感受得到這部電影最終男女主角都會愛得死去活來。至於台灣譯名，就是今生有跟你約好，我們今生有約，就是始終會相見，也能夠感受得到那份愛情，總會等待最後的來臨。

　　說到情未了，另還有一部電影，也是在求學時期上映的，就是《Ghost》，香港譯作《人鬼情未了》，台灣則譯作《第六感生死戀》，兩個名稱也是各有特色，香港譯名很明顯已經告訴你了，相愛的雙方，其中有一方是鬼，也是情未了。而台灣譯名，雖然沒有明說是鬼，但第六感那種感應對方的存在，而且也告訴你生死，或許還是能聯想到鬼。不過，就像「情未了」在香港一樣，「第六感」在台灣也算是小流行，後來有多部電影都用了「第六感」。

　　要談兩地的譯名，其實真的可以寫一本書，絕對談不完，這篇只能分享一些對我來說比較印象深刻的電影吧！

09

再談電影譯名的大不同

文：鄭湯尼

上篇曾談到台港兩地的電影譯名，各有特色，各有風味。不分誰優誰劣，一部風行全球幾十年的特務電影 007，兩地的譯名都很有趣的，香港電影名字都愛加上「鐵金剛」三個字，而台灣譯名則比較愛直譯。

以下選了幾部 James Bond 的電影作比較：

電影原名	香港譯名	台灣譯名
From Russia with Love	鐵金剛勇破間諜網	第七號情報員續集
Thunderball	鐵金剛勇戰魔鬼黨	霹靂彈
You Only Live Twice	鐵金剛勇破火箭嶺	雷霆谷
Diamonds Are Forever	鐵金剛勇破鑽石黨	金剛鑽
For Your Eyes Only	鐵金剛勇破海龍幫	最高機密

有興趣的讀者，可自行搜尋一下其他同系列的電影名稱，可以看到這樣的有趣分別！但筆者不明白，為何 007 電影會加上鐵金剛這三個字，直到近年才去掉這傳統。

談到系列電影，也同樣是全球轟動的就是 Star Wars，香港譯作《星球大戰》，台灣譯作《星際大戰》，兩個名字並沒有太大的差別，而電影系列的前六集，譯名的差別卻不小。

以下列出前六集的譯名：

電影原名	香港譯名	台灣譯名
The Phantom Menace	魅影危機	威脅潛伏
Attack of the Clones	複製人侵略	複製人全面進攻
Revenge of the Sith	黑帝君臨	西斯大帝的復仇
A New Hope	新的希望	曙光乍現
The Empire Strikes Back	帝國反擊戰	帝國大反擊
Return of the Jedi	武士復仇	絕地大反攻

第七集之後的譯名，基本上差不了多少。而前六集的譯名，差別不小，不過都沒有好不好的問題，但是，當中的第三集，筆者真的非常喜歡香港的譯名，因為《黑帝君臨》，充分表現出電影中的氣勢，而《西斯大帝的復仇》，的確是電影的意思，不過氣勢就稍弱一些。

譯名方面，在台灣有一個有趣現象，相對香港好像是沒有的，就是同一演員因為某部電影賣座，後面的譯名都會按那譯名來作片名。

最有名，當然是阿諾史瓦辛格（Arnold Schwarzenegger）的「魔鬼」電影了。據說當年的電影 The Terminator《魔鬼終結者》（香港譯名：未來戰士）在台灣非常受歡迎，自此之後，阿諾史瓦辛格主演的不少電影譯名，請會冠上「魔鬼」二字。

以下舉幾部有趣的例子：

電影原名	香港譯名	台灣譯名
Commando	獨闖龍潭	魔鬼司令
The Running Man	威龍猛將	魔鬼阿諾
True Lies	真實謊言、魔鬼大帝	真實謊言
Junior	威龍二世	魔鬼二世
Eraser	蒸發密令	魔鬼毀滅者

至於為何會如此，也真的要譯者才知道啊！

這篇的結尾，還是可以說，其實可以聊的電影名字還有很多很多，以後若有機會再跟大家分享吧！

10

安心享用生魚片

文：老溫

　　吃生魚片可說是日本料理的精髓，在哈日文化非常厲害的台灣和香港都有林林總總的壽司店和售賣生魚片的餐廳。筆者也愛吃生魚片，以往少不更事卻又囊中羞澀之時也會為了口腹之慾購買廉價壽司和丼飯來吃，當然後來知道這些廉價生魚片的衛生狀況非常嚇人，所以已有多年沒光顧，後來連在香港吃生魚片也是可免則免。反而是來到台灣就肯定盡量找機會大吃生魚片，原因很簡單，就是因為太好吃而且吃得令人安心。

　　由於日本曾在二戰結束前統治台灣五十年，所以台灣人對日本文化有莫名的崇拜，吃生魚片的習俗也是在日治時期開始。在這個歷史因素推動下，台灣流行吃生魚片的歷史和程度是有過之無不及(香港在 1990 年代才開始普及化)，售賣生魚片的店舖數目和種類比香港還多。且台灣得益於自身是島國，被魚獲豐富的東海、菲律賓海和南中國海包圍，甚至可以將剛捕獲的深海魚製作為生魚片，特別是台灣多個觀光漁港都設有零售市場，既可購買一盒只須 200 元新台幣的生魚片吃，也可在海產店品嘗特色生魚片盛宴，價錢合理又新鮮，吃起來鮮味是很明顯，反觀香港由於沒有辦法捕獲深海魚製作生魚片，所以在新鮮程度和價錢兩方面都遠遠不及。

　　再來店舖和員工的衛生情況，香港餐廳的最大問題是衛生情況和員工態度普遍不佳。如果要看一所餐廳的衛生情況如何，只要看他的洗手間便可略知一二。在日本，幾乎所有公共地方的洗手間都是很乾淨，出現積水和排泄物殘留痕跡是幾乎不可能發生的事。台灣的情況也接近日

本，潔淨衛生的程度也很高。可是香港餐廳的情況剛好相反，縱使定時有人打掃，還是經常出現滿地積水的情況，污穢的情況就暫且略過，反正大家也明白是什麼一回事就好。而且最嚴重的問題是香港的餐廳員工衛生意識也相當嚇人，如廁後不洗手的情況還是會發生，縱使有洗手也是輕輕帶過。當然筆者不會神化台灣的餐廳員工，不過因為台灣很重視食安問題，如果有店是因為食安問題被顧客投訴甚至上了新聞，對他們來說是很嚴重的經營危機，所以自律性較強之下，筆者相信在台灣吃生魚片是安全很多。

11

遠比香港更有效率的政府機關

文：老溫

　　台灣人的生活節奏沒有香港人那麼急促，讓不少香港人反過來喜歡台灣人的「慢活」。不過台灣的政府機關工作效率卻比大部分香港人想像中快很多。

　　很多人總覺得台灣人的辦事效率很低、很慢，政府好像有很多問題似的。主要原因是他們對台灣不熟悉，而且同類型的香港政府部門是一般人沒有機會可以接觸。如香港人來到台灣辦理移民手續的話，首先要面對移民署，因為要辦理居留證和其他相關文件必須經移民署處理。很多人會覺得移民署辦理文件需時很長，原因是大家都在香港出生，所以不會到香港入境署辦理移民手續，人一生中也只會有 2-3 次機會到入境署辦理身分證而已。

　　我雖然在香港出生，不過成為少數在台港兩地都辦理過手續的人。由於我的小朋友並非香港出生，所以接觸過非香港出生人士在香港辦理身分證的程序，確實相當繁複，入境署對申請人的調查相當「仔細」。相反我認識的香港人在移民台灣時，由於他們的小朋友是在香港出生，所以要到移民署辦理申請居留手續，他們只需要到台北辦完成認證，然後按照依親移民規定跟父母一起辦理申請移民手續就可以了。

　　當然申請身分證和辦理移民是比較特別的例子，可是在香港政府部門辦理總是需要等候一段時間才能完成，等候時間通常是以多少周或雙位數工作天為單位。相反在台灣政府部門的等候時間就不用那麼久，例如在戶籍事務所或外交部領取護照，一般只須等待 5 天便拿到，相反在香港入境署領取護照就需要至少 14 個工作天。

　　台灣的政務官一般來說態度很好和很友善,有一次我要從台灣返回香港,當時護照有效期只有 2 個月,他們特意提醒我說:「如果是去香港的話應該沒問題,不過是去其他國家的話恐怕是不成的,所以回來的時候記得要辦理護照續期喔。」這種態度能讓人感到舒服。至於香港的官員則是比較冷漠,顧及的只是做好本分。

　　另外,大部分台灣政府部門辦事處都有停車位讓非公務人員停車,如果是駕車的話可以讓你停車,然後可以安心地到辦事處辦事,香港的政府機關則沒有向非僱員及貴賓以外的公眾人士提供停車位置,感覺沒那麼方便。

臺港相對論

60

12

擁有真正生活空間的五星級的家

文：老溫

　　近年不少香港人對台灣生活充滿憧憬，除了因為希望獲得壓力較低的生活外，居住環境舒服是其中一個很關鍵考量的因素，畢竟土地不足是香港生活難以安穩的問題根源。相反台灣的樓房普遍比香港大和比香港便宜，連生活機能都比香港的房屋方便，吸引力自然大得多。

　　一般香港住宅的面積是 400 至 700 平方呎，當然隨著租金愈來愈高，400 呎以下的「豪宅」和 100 呎以下的「劏房」更是大行其道。香港人相當「能屈能伸」，所以無論是 100 呎還是 700 呎的房子，一家四口住進去也好像沒有問題。當然有誰不想住進大房子呢？香港人的「能屈能伸」都是樓價過高之下無力負擔面積較大房子而逼出來的。不過在台灣，除了是租給大學生的套房，否則是不容易找到 700 平方呎以下的單位，因為台灣的人口密度遠低於香港，所以住屋單位普遍是 700 至 2,000 平方呎，當中大部分是每個單位至少有 3 個房間和 2 個廁所。房間數目較多令家庭成員的私人空間也較多，至少可以減少因為兩人同住一房間而引起的爭執。至於每個房子有多於一個廁所就更重要，畢竟早上趕著上班和上學的時候要爭用廁所梳洗的苦況，恐怕每一個香港人都經歷過，如果多一個廁所可用就肯定方便很多。

　　另一方面，由於台灣的房子面積較大，所以可以令香港人實現某些夢想和慾望。大家不要想歪了，筆者所說的只是物質上的慾望。筆者從少年時代直至年青時都喜歡玩火車模型，每當在模型店看到巨型火車在偌大的路軌組合上行走便相當興奮，很希望立即把它們全部帶回家。可是在香港這是很難實現的事，除了是因為火車模型組合不便宜，居住環

境根本不允許放進模型組合才是致命傷。不過來到台灣後由於房子面積比香港大很多，所以筆者終於可以實現這夢想，而且在客廳放了火車模型組合後還有足夠活動空間，這種生活在香港只有住在售價數千萬港元的「真豪宅」才有機會實現，但是這種生活卻是台灣的日常。除了可以放置大型玩具，房子面積夠大的話，也可以放置多些傢俱，比如是多置一個冰箱、多置一個甚至數個衣櫃，讓居住者可以擁有和保存更多日用品和服飾，對於女士來說肯定是無任歡迎。

在香港生活有一個迷思，就是花逾千萬港元購買了「豪宅」單位，卻因為車位不足而有機會無法讓座駕停泊在所居住的屋苑。屋宇車位不足問題也是台港兩地大不同的地方。在台灣不僅不可能出現上述在香港出現的奇異問題，而且在台灣住所取車也是相當方便。台灣屋宇的停車場普遍是設置在屋苑地庫，屋主只要在自己所住的樓宇直接坐升降機，便可以從地庫取車，然後駕車到目的地，這對於天氣太熱和太冷，尤其是下雨天的時候非常有用，車主不需要冒著大熱天或大冷天或大雨天去取車，不是會方便舒適得多嗎？

臺港相對論

13

更便利的台灣銀行服務

文：老溫

幾乎所有成年人都使用過銀行的服務,至少領薪水便需要公司從銀行過帳吧。全世界的銀行服務基本上是大同小異,雖然台灣和香港同樣是華人社會,銀行運作狀況也大致一樣,不過也有一定程度的分別,現在就跟大家分享一下台港銀行細節的不同之處。

台灣與香港的銀行服務最大差異,相信是客服營業時間。香港的銀行客服營業時間是早上九時至下午五時,可是台灣的銀行客服營業時間大部分是下午三時半便結束,只有個別銀行營業至下午五時,所以如果要在台灣辦理銀行事務,務必提早前往辦理,否則因為摸門釘而需要擇日再來便費時失事。當然縱使台灣的銀行客服營業時間較短,不過以服務顧客為先,所以銀行內設有不少座位,客人在大部分等候時間都能坐著等,也可以不用等太久便到櫃檯享用服務。

另一個台港銀行服務不同之處是各家銀行之間的匯款(香港稱為轉帳)的自由度。台灣有不少本土和外資銀行,本土品牌有玉山銀行、中國信託銀行(此「中國」與中華人民共和國無關)、國泰世華銀行、新光銀行(「新光」也跟香港的新光酒樓集團無關)、彰化銀行等,外資銀行則有美國銀行、星展銀行、花旗銀行、匯豐銀行、渣打銀行和中國銀行(與香港的中國銀行是同一集團)等。每一家銀行之間都可以自由匯款到另一家銀行的帳戶,在 ATM 或櫃檯隨時隨意辦理,手續費一般只需要三十元新台幣,與香港「轉帳」到不同銀行的帳戶須收取數十元至 190 元港幣,而且涉及中國銀行和渣打銀行的他行轉帳只能透過網

上才可進行不一樣（屬於同一集團的匯豐和恒生銀行之間轉帳則不須收費和自由轉帳）。

　　當然，如果是匯款到海外的話，情況就有點不一樣。在台灣由於有外匯限制，所以不僅匯款必須依照國際規則收取若干費用，而且每次匯款無論金額多寡和匯款帳戶目的地都必須交予台灣政府審批和批準才可，與香港在 2020 年仍然可以自由匯款到海外還是有差。

　　台灣的提款機可說是無處不在，除了在銀行外、捷運站和長途客運乘車站肯定會有，超商（香港稱為便利店）、百貨公司、飯店、超級市場、大賣場等人群聚集的地方都可以找到。而且由於台灣的銀行之間匯款沒有限制，所以只要找到提款機，無論是持有哪一家銀行的提款卡都可以辦理所需業務。

　　最後可以提及一下一個與銀行業務有關，不過對大部分民眾來說沒有切身關係的台港銀行差異，便是香港由於沒有中央銀行和國營銀行，所以分別由匯豐、渣打和中銀三家銀行發鈔。相反台灣由於有國營銀行和中央銀行，所以與全球大部分國家一樣由單一銀行發鈔，在台灣早期負責發鈔的是臺灣銀行 到了公元 2000 年後便交還發鈔權予中央銀行，所以每個時期只有一款鈔票樣式，與香港有三款不同樣式鈔票同時流通不同，對於貨幣收藏家來說擔子可以輕省一點。

臺港相對論

14
譽譽大不同

文：剛田武

　　因為在香港土生土長，年輕時的青春歲月都在香港渡過，真的沒有什麼特別嗜好，那時候什麼都沒有想，只想著賺錢。

　　其實我一向喜歡露營，但香港的環境根本不適合。唸書的時候曾試過帶一個背包就去荒山野嶺露營。那時候是真正的露營，因為什麼設施也沒有，連洗澡也不能。在香港時，試過在山谷露營，晚上起來上廁所的時候，發覺整個帳篷裡面都是蚊子。真是嚇死人，如果你有那些什麼密集恐懼症的話。

　　或者因為當時正下著雨，那些蚊子進來避雨，整個帳篷頂都是蚊子，又不敢去拍打他們，怕他們會亂飛。幸好，這些或許稱作草蚊的蚊子，並沒有叮我，最後便關燈，倒頭大睡。到第二天早上起來時，它們已經全部飛走了。

　　在香港因為是土地問題，有很多限制，適合露營的地方感覺上沒有很多，之後來到台灣，發現近年台灣也很流行露營。不過在我的眼中，這類流行的露營，其實也不算是真正露營，可說是豪華營。幸好這裡就是台灣，因為有選擇，你可以選豪華營，也可以選擇真正什麼都沒有的簡單露營。

　　台灣的豪華營地很有趣，基本上每一個營地都有一個營主，可能是一對夫婦經營一個營地，通常是由農地改造，一幅地有大有小，自己興建廁所，浴室。有熱水供應，亦有水電供應。你只需要帶一個帳篷，到達營地後，搭起帳篷就可以享用了。

在營地還可以烤肉，走一走步道等，非常適合現在中年的我。又不會太辛苦，又可以開車過去，車子又可以停在帳篷旁。開進營地的草地上，然後在車子旁邊搭起帳篷。把家裡的東西都帶來，桌子，爐具等物品，真的好像把整個家都搬來一樣。露營的位置還會有水電供應，有電插頭及洗臉盆給你使用，真的是應有盡有。

這種露營方式跟香港的露營完全不一樣，有時候我會獨自一人去玩，有時候跟朋友們一起去，人數多少的玩法不同，各有各好。兩種我都喜歡，非常舒服。

豪華營地當然要付費，但同樣地，還有一些免費的營地，都是由市政府或縣、鄉政府設立的。不收任何費用，也不設預訂，是先到先得的形式，只要有空位就可以用。如果在非假日過去的話，營地根本沒有人和你爭 "地盤" 。

而這類型的營地一般都有水供應，但就沒有電力供應的。煮東西吃你可以用瓦斯爐或是炭爐，燈可以用汽燈等等。

無論那一種營地，都有他們的特色及優缺點，總結來說，台灣的露營實在比香港的營地好玩得多。

15

包羅萬有的便利店

文：剛田武

　　香港人恐怕難以對 7-11 或 OK 等便利店有什麼特別的感情，因為除了到處到有和 24 小時服務外，舖面面積小而且貨品不算便宜的便利店比起其他商店確實沒有特別優勝的地方，若不是突然想要補買什麼東西，恐怕不會特別想去光顧，長時間的逗留在狹小的便利店內更是不可能的事。不過在台灣情況就很不一樣，由於店面普遍比香港的大很多，所以貨品種類很多，而且不少店面是設有座位，也是適合顧客坐下休息的好去處。

　　台灣便利店由於面積比香港大很多，所以有不少設備是香港的便利店難以包攬。當中最大的分別是台灣的便利店大多設有座席，就算店面沒那麼大，沒辦法在店內設置座位，在店外也會設置移動桌椅，讓顧客坐下休息和享用在店內購買的食品和飲品。特別是夜半時分當其他的飲食店都關門了，便利店的店外座席便成為夜遊人聚集的好去處，從城市管理的角度來說，讓他們在便利店外的坐席邊喝酒吸煙邊聊天，總比讓他們在街上隨便坐下來的喝酒什麼的更好。

　　台灣的便利店也有一個香港便利店幾乎不可能擁有的設備，那就是洗手間了。當然洗手間並不是每一所便利店都有，鬧市的便利店租金比較昂貴而且人流較多，也不方便設置洗手間是合理的事。反而是人流沒有那麼多的店，特別是遠離人流聚集的市郊或是鄉鎮的便利店，洗手間就幾乎是必備的，這對於正進行長途行程而路過的遊客來說非常重要，既可以及時放下重擔並繼續旅程，也可以趁機休息補給一下，對超商和遊客來說都是好事。

　　另一些在香港便利店因為面積較小而很難提供的服務，在台灣的便利店也是很常見的，那就是自動櫃員機和訂購各種票務的專屬服務機。幾乎所有台灣的便利店都有至少一台自動櫃員機，部分店面面積較大的更有多於一部，讓顧客隨時可領取現金和處理銀行事務。至於售票機用途相當廣泛，無論是客運、火車、高鐵、演唱會及各類文娛活動門票，甚至主題公園入場券或政府收費、罰單，都可以透過便利店內的售票機買到。此外也有不少便利店是設有影印機，讓顧客可以隨時享用自助影印或傳真服務，十分方便。最後值得一提的是，雖然香港的便利店也開始普及快遞取件服務，不過台灣的便利店跟網購業者的合作緊密程度就已經非常成熟，絕大部分的店都可以成為顧客取快遞郵件的地方，令顧客更好地利用網購服務。

臺港相對論

16

麥當勞換了地方都親切得多

文：剛田武

　　相信不少香港人對麥當勞的印象是廉價連鎖快餐店，不僅對它的食品素質不抱期望，更不會視為適合與親友渡過愉快下午的場所（近年出現的「麥難民」縱然是例外，也只是無奈之舉），似乎可快速買到廉價可口食品是唯一選擇光顧他們的理由。不過同樣是麥當勞，到了台灣就完全是兩回事，雖然食品還是差不多，可是服務環境跟香港完全不同，甚至是適合各階層人士消磨時間的好去處。

　　坦白說麥當勞的食品在世界各地都是同一個模樣，無論是品質、種類和價錢，台灣麥當勞跟香港的沒太大差別，所以香港遊客來台灣玩是不太可能去麥當勞進食，當然突然想吃又是另一回事。不過台灣的麥當勞跟香港的最大分別，是台灣的麥當勞是歡迎小朋友來玩，對，你沒看錯，是來玩！由於台灣的人口密度遠低於香港，連人口最稠密的台北市都沒有香港街頭那麼擁擠，所以連麥當勞的店面也比香港的大，所以在台灣大部分的麥當勞店都設有兒童遊戲室（台北市則有點例外），店舖面積比較大的更設有滑溜梯，讓小朋友無論是用餐前、用餐中還是用餐後都可以去玩。小朋友們在遊戲室玩得不亦樂乎，讓帶他們來光顧的父母們也可以享受悠閒交流時光，這樣才可吸引親子顧客多加光顧。

　　或許各位會有疑問，就是台灣麥當勞的兒童遊戲室沒有看護在場，貿然讓小朋友進去玩也總是不會放心。不用怕，既然台灣麥當勞提供這樣的服務，顧客的潛在憂慮當然也在經營者的考量之中。台灣麥當勞的遊戲室和用餐區之間是用透明玻璃間隔出來，令家長坐在用餐區也可以對遊戲室一目了然，這樣才可讓家長安心放行，家長也得以獲得喘氣的

空間。順便一提的是在台灣不光是麥當勞，連 KFC 等大型連鎖快餐店也設有兒童遊戲室，也是為了方便親子家庭在店內享受美好時光。

如果沒有小朋友的話，台灣麥當勞還有什麼賣點？答案就是舒適的用餐空間。由於台灣麥當勞店面較大，而且不少是兩層樓高，所以座位之間有足夠的活動空間，坐起來也覺得舒服一點，自然希望坐久一點，坐久一點便會多點一些食品飲品，對店家來說也有好處。而且由於座位足夠，也很少出現用餐時有其他客人站在身旁等候位置和給予壓力的情況，故此麥當勞也是不少台灣年輕人溫習的地方。雖然麥當勞的環境無論如何都很難說是寧靜，也不是最理想的溫習地點，不過在炎熱天氣下有一個地方舒服地坐下來，溫習也比較容易達到效果。

最後不能忽略的是台灣麥當勞店員的服務態度相當親切，保持一般香港人稱讚台灣服務業有禮的素質，且店員雖然跟香港一樣，有不少是高中工讀生，不過也是漂亮有禮，顧客自然更樂意讓他們為自己效勞。

臺港相對論

17

足球用語不一樣

文：剛田武

作為足球迷，看台灣及香港的轉播，除了國語與廣東話的分別外，最大不同當然是用詞了。

首先最大不同的，必定是譯名，無論是球隊或球員，譯名大部份都不一樣，當然，也有少數的相同，但數量不多。

以英超為例，像利物浦、曼聯、曼城、熱刺等隊名，兩地是相同，但有更多的是完全不一樣。如香港稱阿仙奴，台灣是兵工廠（幸好這是球隊的綽號，還是看得明白！）香港稱車路士，台灣則稱切爾西；香港稱修咸頓，台灣稱南安普頓。

英超聯賽的譯名還好，說到令人難以猜測，有些歐洲或南美球隊，兩地的譯名相差更大。以下列出部分譯名：

香港譯名	台灣譯名
利華古遜	勒沃庫森
史特加	斯圖加特
祖雲達斯	尤文圖斯
切爾達	塞爾塔維戈
華拉度列	巴亞多利德
維拉利爾	比亞雷亞爾
華斯高	瓦斯科達伽馬
法林明高	佛朗明哥
哥林多人	哥連泰斯

類似這些譯名，真的要適應一下。

除了球隊譯名外，遇到國際大賽，還有國名，當然這並非足球賽事的緣故，而是台灣外交部制定的譯名，所以，有些與香港相差滿大的，要注意一下：

香港譯名	台灣譯名
柬埔寨	寮國
卡塔爾	卡達
沙特阿拉伯	沙烏地阿拉伯
新西蘭	紐西蘭
塞浦路斯	賽普勒斯
黑山	蒙特內哥羅
克羅地亞	克羅埃西亞
斯洛文尼亞	斯洛維尼亞
科特迪瓦	象牙海岸

有興趣的讀者，不妨找一些資料作比較，會發現不少有趣的譯名。

球員譯名方面，相同的更少，像大家最熟悉的幾位球星，如香港稱C朗拿度的，台灣稱C羅納度；香港稱美斯，台灣稱梅西；香港稱利榮杜夫斯基，台灣稱萊萬多夫斯基。遇到球員譯名，很多時候還是要看一下英文寫法，才較容易知道誰是誰。

譯名之外，就是用語的不同了，以下簡單整理了一些足球場上的用語。

名詞類：

香港	台灣
龍門	守門員 / 門將
中堅	中後衛
左右閘	左右邊衛 / 左右後衛
正選	先發
後備	替補
球證	裁判
旁證	助理裁判 / 邊審
鋼門	門神

形容詞類：

香港	台灣
地波	地面球
高波	高空球
笠射	吊射
入波	進球

其他用詞類：

香港	台灣
國際足協	國際足總
歐洲足協	歐洲足聯
歐洲聯賽冠軍盃	歐洲冠軍聯賽
歐霸盃	歐洲聯賽
世界冠軍球會盃	俱樂部世界盃

篇幅所限，無法一一分享，只能把大概說一下，希望能幫到大家。

18

崇尚自由和人情的台灣鳥路

文：華希恩

　　就算不懂駕車，只要有來過台灣的香港朋友也會知道台港兩地的交通規則有很大的差異，最大的差異是台灣是跟美國等世界上大部分國家一樣使用左駕車，所以行車方向是從右上左下，跟香港使用右駕車，行車方向是右上左下剛好相反。另一個明顯的差異是台灣的車輛交通燈是倒 L 型的懸樑式橫向三色燈，跟香港的置於路中心的直立式交通燈也是截然不同，對於初到台灣駕車的香港朋友來說相信需要一段時間適應。

　　香港的交通警員普遍來說對待市民的態度比較「嚴厲」，也甚少講及人情，所以只要是違規停車、衝燈、超速、越過「雙白線」繞過車輛等出現，被逮到的話就必須發告票給你，幾乎不會為你破例。收到告票之後除了要交罰鍰，還要在扣分制下遭受扣分，扣滿分便要吊銷駕照，所以大部分香港駕駛者都很守法，很少出現在左轉線沒有左轉反而一直走的狀況。

　　不過對於駕駛者來說，在台灣駕車最初令人很不適應的是交通規則執行上非常混亂，說得難聽一點是道路上的指示線和交通燈往往只是裝飾品而已，可以肯定地說超過一半台灣人都不會認真理會指示線和交通燈，駕車風格非常隨心，所以經常出現在左轉線直走、路標說明不准左轉卻繼續左轉、越過雙白線繞過前面的車輛等令人驚心動魄的景象。機車和重機駕駛者的違規情況比車輛駕駛者更嚴重，出現逆向駕駛和超載等危險行為是普遍的事情。

　　在行人斑馬線上，如果行人交通燈是亮著綠色可行走的燈號，在香港是甚少出現有車輛繼續越過斑馬線的狀況。可是在台灣就不一樣了，

法例是容許車輛在轉彎的狀況下在行人交通燈亮著綠色燈號時繼續行走，只是行人優先而車輛需要禮讓便是。當然大部分台灣駕駛者在鬧市駕車的時速沒有香港的「同行」那麼快，可是有部分台灣駕駛者也是不會禮讓橫過馬路的行人，有時也會造成人車爭路的狀況，所以有一定潛在危險。

違規行車在台灣的高速公路也時有發生，台灣的高速公路最左邊線是超車通道，是用作讓超車的駕駛者繞過其他車輛的。可是不少台灣駕駛者卻把它當作是普通道路，不僅會在超車通道以慢速駕駛，而且一直行駛在超速通道，阻礙其他想超車的駕駛者。

不過另一方面，台灣是以人情為先，與香港事事以法為先有所不同。例如當交通警員抓到違規停車，通常是先在附近繞了三數分鐘的圈，當作是給駕駛者最後機會，當圈繞完了還是不走的話才會發告票。當然在執法上講人情是好是壞則就見仁見智了。

19

選擇甚多的台灣美食

文：華希恩

在飲食文化方面，台灣和香港的情況是小同大異，同的是兩地都以中國菜，特別是以稻米為主食，也是以筷子成為主要飲食器具。不過兩地飲食文化最大的差異是香港餐廳已被大型連鎖店壟斷，雖然仍有小店不過是在住宅區為主，繁榮地段幾乎沒有小店的生存空間。至於台灣則剛好相反，無論是最繁榮的台北市還是比較偏遠的縣市和外島區，小店才是餐飲業的主流，連租金最貴的台北市東區和西門町一帶也有小店的存在，小店售賣各式各樣的台灣地道美食，例如有魯肉飯、蚵仔麵線。

台灣也跟全世界一樣，有不少跨國飲食集團到處開店，麥當勞、肯德基、吉野家、漢堡王、星巴克等等也是遍地開花，不過跟香港的美心集團、大家樂等連鎖快餐店壟斷市場還是有差。所以相對上在台灣吃東西還是比在香港有更多的選擇，既可以光顧有一定質素保證卻制度化的連鎖店，也可以支持家庭式經營的小店。我就比較喜歡在小店吃飯，比如是西式餐飲店也有不少是以小店形式經營，當中的廉價牛排餐更是經濟又好吃，只需要付出 120 元新台幣左右便可享用一塊手掌般大的牛排，而且還有義大利麵、荷包蛋及其他配菜，對一個成年男士來說是夠吃有餘。至於義式薄餅除了那所 P 字頭的跨國集團品牌的店外，還有不少在地人開的，價錢和品質比連鎖店更佳。

另一個台港飲食文化的大不同之處便是價錢，正如剛才所提及，一個可以令成年男士吃飽的牛排餐也只需要 120 元新台幣，折算港幣便是約 45 元左右。至於最便宜的魯肉飯更是 30-40 元新台幣便可買到，而豐富一點的便當則是 60-90 元新台幣之間，這價錢在香港只能買到

微波爐焗飯而已，正常一點的午市便當也要台灣便當的雙倍價錢才買得到。另一方面，台灣又有非常高檔的餐廳，台北和台中也有米其林認證的餐廳，一餐所需費用至數萬元的也用。除了中式、台式和西式料理，台灣也有不少港式、日式和世界各地不同種類的料理店，包羅萬有，種類數量絕不亞於香港。

所以重點是台灣的餐飲文化與香港最大的不同便是選擇多很多。

20

台灣運彩大不同

文：華希恩

香港與台灣，同樣有運動彩券，香港由香港賽馬會經營，稱為：「足智彩」及「賽馬」，台灣由台灣運動彩券股份有限公司經營，稱為：「台灣運彩」。

香港的運動彩券，顧名思義，就只有賽馬及足球可供投注。賽馬以香港賽事為主，偶而會有其他國家的賽事。而足球則相反，沒有香港的比賽，並以歐洲主流聯賽為主，還有亞洲、南美及美國的賽事。

而台灣運彩的種類卻非常多，以棒球、籃球及足球為主，並且還會有排球、冰球、美式足球、高爾夫球，甚至賽車。遇上奧運、亞運等大賽，開出的項目就更多了，有趣的是，偏偏沒有賽馬。

除了運動種類有很大不同外，玩法也有不少迥異，因為兩地只有足球都可以供投注，就只能用足球作比較。

首先，場次在選單的編排上，左右是對調的，香港的左邊是主隊，右邊是客隊。台灣是因為要與籃棒等其他賽事同步，足球也採用相同的編排，所以，右邊是主隊，左邊是客隊。台灣運彩還多一個特色，就是過關，足球還可以串其他運動比賽，並沒有限制串關只可以串足球，這可以讓彩迷有更多選擇。

足球彩券的玩法，基本上大同小異，只是名稱上有些不同，例如主客和的講法，兩地是一樣的；讓球主客和，台灣則稱讓分主客和；香港的波膽，台灣則稱作正確比數。

　　不過，台灣最大的不同是，並沒有讓球可以供下注，就是香港所稱的亞洲讓球盤，什麼讓平半、讓半一等，台灣是沒有的。據說原因是，台灣牽涉稅收問題，亞洲讓球盤有退款的情況發生，已繳的稅是無法退回來，這會引起很大的問題，所以，台灣運彩並沒有這個選項。

　　還有一點的不同，就是香港每一場比賽你都可以單場投注，只要你想下注哪一場，都可以自由選擇。台灣卻不一樣，並不是每一場比賽都可以單場投注，一般是英超，或較大型比賽才可以，部分主流聯賽要最少串兩關，非主流聯賽則更要串三關。

　　至於賽事的選擇，如上所述，香港賽馬會提供的比賽，都是以主流聯賽為多，較小的比賽則選擇不多。而台灣運彩所提供的賽事，可以用琳琅滿目來形容，除了主流聯賽之外，還有大量的小聯賽、較低級別聯賽及女子足球可供選擇，例如東南亞、南美的如哥倫比亞、烏拉圭都會有，甚至非洲、中亞等的部分國家聯賽都可選擇。

　　所以，同樣是運彩博彩，兩地的分別，也真不少。

臺港相對論

96

21

台灣的消閒運動

文：列當度

移民到台灣的香港人一開始可能會不習慣，因為台灣與香港的消閒運動不大相同。首先以最受歡迎的比賽運動來說，香港人首選一定是足球及籃球。在香港可以輕易收看到歐洲各大足球聯賽以及美國的 NBA 籃球比賽直播。不過足球運動在台灣其實並不流行，民眾只會對四年一度的世界盃足球比賽比較關注。一般的足球聯賽，他們只會留意英超及歐冠聯比賽，台灣當地也會有直播，此外亦會直播部分日職比賽。其他德甲義甲等等直播都欠奉。籃球比較受台灣人觀迎，因此也有 NBA 直播。棒球可算是台灣的國民體育，因為受到日本人統治過一段時間的影響，台灣人十分喜愛棒球活動。美國、日本，以及台灣本地的棒球比賽都會有直播。而且台灣人也喜愛入場觀看本土的棒球比賽。相反台灣自家的半職足球聯賽，雖然都是免費入場，但是入場觀看的球迷卻寥寥可數。

至於平常市民喜愛參與的體育活動，也和香港不盡相同。根據台灣政府一項在 2015 的調查發現，市民最常參與的體育活動依次是：

1. 健走、2. 慢跑、3. 爬山、4. 籃球、5. 瑜珈、6. 騎自行車、7. 在家健身訓練、8. 游泳、9. 上健身房、10. 羽毛球。

台灣市民一般較喜愛健走及慢跑，因為台灣面積較大，各個城市都有環境十分優美的緩跑徑，而且人車分隔，市民可以安全地運動。另外值得留意的是爬山，它與香港人所說的行山不同。台灣擁有許多壯闊的高山美景，高度超過 3000 公尺以上的高山也有百座之多，人稱「台灣百岳」。當中最高的要算是玉山主峰，高度達到差不多 4000 公尺。所

以台灣人從事的爬山活動可說是十分專業，而且對裝備也很講究。對比香港最高的大帽山（957公尺），可說是小巫見大巫。因此強烈建議香港人也要去體驗台灣的爬山運動。

另外騎自行車在台灣也是相當受歡迎的項目，每個城市都有規劃完善的自行車道，因為是與馬路分開，因此安全性十分高。台灣的自行車道總長達4300公里。騎自行車可說是台灣人一家大小在假日裡的親子活動。自行車道在台灣稱為鐵馬道，其中本地人最推薦的是宜蘭濱海自行車道，它全長約13公里，起點是宜蘭的東港榕樹公園，車道兩旁都是茂盛的林木，而且車道面臨太平洋，可遠眺宜蘭美麗的龜山島以及觀賞到蘭陽第一美景——「龜山朝日」。此外位於新北市的八里左岸自行車道以及台中的潭雅神綠園道也是相當有名。台灣也有生產自行車，其中更有聞名國際的捷安特。在台灣的時候十分推薦大家參與自行車體育活動。

台灣公共體育設施雖然沒有香港規劃那麼完善，但台灣最好的地方是規定了學校在非上課時間，校園的體育設施要開放給市民。尤其是一些大學校園都有設備完善的緩跑徑及球場，讓市民做運動更加方便，大家記住多多利用喔。

22

淺談寶島食材

文：列當度

　　所謂民以食為天，移民來台的香港人相信對台灣的食材都會十分關心。台灣綽號寶島，當然物產豐富。市民可以用合理價錢享受到當造而新鮮的本土食材。當然因為稅制的影響，進口食材會比香港為貴。眾所周知，香港人十分喜歡吃海鮮。雖然台灣四面環海，但相對地海鮮價錢反而沒有香港便宜，而且種類也不及香港多。

　　香港人食用魚類大多首選活魚。但活魚在台灣比較貴，一般在市場及超級市場販賣的都是冰鮮魚。香港大部分常見的魚類都可以在台灣找到，只是名字不一樣而已。例如鯇魚在台灣叫草魚。而香港人以往常在碼頭釣到的泥鯭，台灣叫象魚或者是臭肚，因為它土味重，台灣本島人懂得料理的並不多。名稱不同的例子還有：香港稱作「三文魚」的，台灣叫「鮭魚」。還有一種魚讓筆者曾鬧出笑話，有一天筆者在市場上看到一種外型古怪，白色短身的魚，於是我問魚檔老闆是甚麼魚，他不斷說哪個魚，哪個魚。我用手指指著說這種魚。經過一番擾攘後，原來這外型古怪的魚真的叫「那個魚」。而在香港，我們叫它做九肚魚。其實要寫香港台灣海鮮名稱對比，應該可以獨立寫一本書。台灣人比較常吃的魚有虱目魚、吳郭魚、鱸魚等。另一種筆者推薦的魚是午仔魚。午仔魚油脂豐富、肉質軟嫩，拿來清蒸已經很好味道。台灣俗語說：「一午二鮸三嘉鱲」意指最好的魚是午仔魚，可想而知午仔魚的鮮美程度。

　　肉類方面，豬肉大部分是來自台灣養殖的豬。其中台灣特有的豬種是台灣黑豬，黑豬肉香甜，口感 Q 彈又緊實。但因為黑豬成長得較慢，因此價錢較貴。牛肉主要是從美國和澳洲進口。當然台灣都有本土牛肉

供應，但只占市場的 6%。本土牛肉經常以「溫體牛」作賣點，意思就是未經過冷藏的肉，可再區分為現場屠宰的現宰肉以及事先屠宰但未經冷藏的肉。

蔬菜方面，香港人常吃的菜心和芥蘭在台都不太流行。有時候可在市場找到，但味道跟香港的有差別。還有港式老火湯常用的青蘿蔔，在台灣都是比較難找到的食材。當然，台灣也有不少特有的蔬菜如水蓮，山蘇等。還有個人非常喜愛的高山高麗菜，清甜可口，就是普通清炒已經很好吃。

最後不得不提台灣的水果。台灣可說是水果迷的天堂，一年四季都有不同的當造水果，全部都非常新鮮可口，而且價錢合理，質素甚高。春季有脆梅，釀酒的青梅，又有香甜多汁的西瓜；夏天有筆者最愛的愛文芒、鳳梨、高山梨以及玉荷包荔枝；秋天有中秋節必食的柚子（台灣又稱文旦）、營養豐富的紅龍果、柿子和酪梨（牛油果）；到了寒冷的冬天，就正正是草莓當造的季節，有不少農場都會開放給人內進自行採摘，再按重量收錢，是小朋友最愛的活動。

台灣本土有豐富的食材出產，一篇文章很難為大家一一細數。大家來台時，一定不可錯過。要多多去發掘嘗試不同的食材，相信一定不會讓讀者們失望。

臺港相對論

23

台灣交通養車

文：列當度

　　台灣幅員廣闊，公共交通系統不像香港般完善，四通八達。特別是鄉郊地方，因為乘客數目少的關係，一般公交車的班次疏落，很多時候一小時才有一班車甚至更少。讓筆者簡單介紹一下台灣的公共交通。

台北：

　　是台灣交通最完善的城市，捷運站及公車站數目最多，基本上是覆蓋了整個台北市，讓市民一般都不用在市區開車就可以上下班、出遊。台北捷運目前有 5 條主線加 2 條支線，覆蓋了桃園，新北和台北三個城市，亦可以直達桃園機場，車站數目達到 117 個。是台北市民最常用到的交通系統。台北公車系統目前由 14 家公司經營，聯營公車路線數約 280 餘條，路線類別包含一般路線、幹道公車、捷運接駁公車、山區公車、休閒公車及市民小巴等。

台中：

　　台中捷運系統預計在 2020 年開通，所以目前市內交通主要是靠公車為主。台中公車目前營運路線數共計 218 條，由 17 家業者經營。目前（2020 年）如乘客使用一卡通或悠遊卡乘搭，首 10 公里是免費的，連遊客也可以享受這優惠！

高雄市：

　　高雄市是目前唯一擁有捷運系統的南部城市，目前高雄捷運共有 3 條主線，合計 52 個車站，並連接小港機場。現時高雄公車共計有 208

條路線，其中 44 條是高雄捷運接駁公車路線，並由 7 家民營汽車客運業者經營。

駕照：

香港人如持有香港駕駛執照，並有可居留超過 6 個月的居留證或國民身分證，就可到監理所換領台灣駕駛執照。不過在換證時需要到監理所指定的地點驗身，合格後才能換領。且出發往台灣前，申請人必須到香港的台北經濟文化辦事處申請駕照認證，只有認證後的香港駕照才能在台灣免試換領駕照。

台灣駕駛注意事項：

1. 台灣車輛是左軚的，和香港剛好相反，即是右上左落。香港人起初在台駕駛時要慢慢適應。

2. 台灣行人在行人指示燈綠燈時過馬路，可能會遇上轉彎的車輛（左轉右轉都會有）。當駕駛時，要特別注意在斑馬線上的行人。法例規定車輛必須讓在斑馬線上的行人先過馬路。

3. 台灣法例對違規的駕駛人處以罰款或判監，並沒有類似香港的扣分制度。

4. 台灣嚴格取締併排停車，罰款比一般違例泊車重，違規罰款為新台幣 2400 元。

5. 因為台灣人普遍駕駛態度比較大意，特別是機車駕駛人。台灣人稱不注重安全的駕駛人為「三寶」，香港人要特別注意行車安全。

高速公路及收費：

台灣主要有兩條高速公路貫穿南北，分別是一號及三號國道。一號國道比較多重型車輛而三號國道距離比較長。台灣國道有不少休息站，站內有休息室、加油站、餐廳、便利店及廁所，並且是 24 小時營業。駕駛者可多加利用。台灣的國道是要收費的，但公路上並沒有收費站。收費系統會自動掃瞄車輛的車牌號碼而計算費用，大家可以在之後到便利店內的終端機查詢總收費，並可即時繳納。由高雄到台北的收費大約新台幣 350 元。

台灣養車費用：

相對香港，台灣養車費用較低廉。車輛每年要繳交汽油燃料稅及牌照費，費用是按車輛的引擎排氣量計算。以自用汽油小客車，1800CC 為例，汽油燃料稅為每年新台幣 4800，而牌照費為新台幣 7120。詳細資料可在台灣監理所網頁查詢。

另外，超過十年的車輛需要每半年驗車一次，費用大約新台幣 400 元。

保險：

　　台灣強制車主購買第三者的強制險，但一般來說保額並不高，意味著有嚴重意外發生時，保險並不足夠賠償。強烈建議車主們再自行購買任意險，以彌補不足。

油費：

　　台灣普遍的加油站都供應無鉛汽油及柴油。無鉛汽油分 92、95 及 98 三個等級，98 最貴。目前 92、95 及 98 的油價分別是每公升新台幣 21.7，23.2 及 25.2 元，而柴油為 19.1 元。

停車場：

　　一般月租的停車場在台北為每月新台幣 4,000 至 12,000 不等，而在中南部，價錢大約是每月新台幣 1,500 至 3,000 不等，視乎區域而定。而在馬路邊的停車格停車，在台北每小時為新台幣 30-60 元，而中南部城市則為每小時新台幣 20-30 元不等。

24

台灣 3C 中古市場

文：列當度

在香港，一提到買賣二手 3C 產品（3C 是台灣對電腦，通訊和消費電子三種家用電器產品的代稱），大家一定會想到深水埗鴨寮街，旺角先達廣場等地方。另外，網站如 Review33，Dcfever 等都是港人熱門買賣二手 3C 產品的地方。香港人買賣二手產品一般都會選擇用面交形式，因香港始終地方不大，大家約出來交收比較方便，且當面交收，可以驗清貨品好壞，一手交錢一手交貨，發生爭執的機會也較少。

那麼讀者在台灣又如何去買賣二手 3C 產品呢？和香港不同的是，台灣並沒有一個二手店舖的集中地。勉強要找的話，台北光華商場、西門町、台中的 NOVA 資訊廣場英才店，數量不多，且選擇也較少，主要是集中買賣二手手機為主。

另外日本著名中古貨品買賣店 Hard Off 最近兩年進著台灣，他們所買賣的貨品並不侷限於 3C 產品，還有衣服、手錶、手飾、家庭電器甚至是自行車都有，款式包羅萬有。目前他們在台灣有兩間分店，分別在桃園及台南，住在附近的讀者們可以去逛一下。

不過台灣的網購發達，二手商品都可在網上找到。其中最多人用的要算是露天拍賣（https://www.ruten.com.tw/），奇摩拍賣（https://tw.bid.yahoo.com/），小惡魔市集（https://www.mo-bile01.com/marketindex.php）和近年新冒起的蝦皮購物（https://shopee.tw/）等。台灣幅員廣大，除非是住在同一城市，否則買賣雙方要面交貨品，基本上可能性不大，所以用宅配是較為普遍。宅配一般有三種：

1. 快遞公司——時間最快，一般台灣省內是第 2 天送達，基隆市、台北市、新北市、桃園市等地，黑貓更提供當日送達服務，當然價錢會較高。以黑貓為例，普通貨品，尺寸（長+寬+高）在 60 公分以下的，運費要 130 元。快遞公司更有上門收件，所以最方便。

2. 郵局——其實郵局的配送速度也不慢，一般台灣省內是第 2 天就可送達，但用家要親自到郵局寄送，費用方面，尺寸（長+寬+高）在 60 公分以下的，運費要 70 元。

3. 便利店店到店——意思是賣家在便利店投遞，買家可在指定的便利店收貨，配送時間一般要 2-3 天。費用方面，尺寸（長+寬+高）在 120 公分以下的，運費要 60 元。店到店的好處是買家可在任何時間去取貨，因為大部分便利店是 24 小時營業的。另外買家也不用提供住址給賣家，可以保留私隱。

　　至於款項交收方面，建議大家用好像蝦皮這些平台，買家先把款項撥給蝦皮，到收取貨品後，驗收清楚，才通知蝦皮把款項交給賣家，這樣對買家較有保障。而且在蝦皮網站上可以看到賣家的信用評分，對買家選擇貨品時，提供不少方便。

　　台灣二手 3C 市場，普通流通量不及香港，一些不是熱門產品，有時候賣很久也沒人問津，而且價錢也壓到很底。但相反，一些熱門產品如蘋果的產品，價錢會賣的很貴。從這裡也可反映出台灣人在 3C 產品上的更換率並不是很高，不同香港人，有時候一台手機可能用一個月就換新的。

臺港相對論

25

私小初體驗（一）：台灣家長 vs 香港家長

文：許思庭

　　當初決定要移民到台灣，當中最大的一個考慮原因就是孩子升學讀書的問題。因為是對孩子前途及將來一個相當大的分岔口，所以花了很長的時間去做資料搜集。例如：報名入讀方法、學校種類、課程內容、升學階梯、考試制度、師生比例、校園環境、學習風氣、課外活動、校園生活，甚至長遠至將來的升學就業出路等等。

　　更重要的是要跟一些「過來人」，即是從香港帶著小孩移民到台灣的人了解一下「貼地」的資訊及經驗之談。其實搜集好的資料再多，計劃再周密也好，最重要是「用家」，即是孩子要喜歡才成。作為家長必須要站在子女的角度去想，當然是希望他們會帶著期望到一個既新鮮卻又陌生的地方上學，不過卻還要跟一班同學告別，心情必定會難過之中帶著忐忑不安。

　　台灣地方很大，優秀學校的數量自然會比香港多很多。要從中挑選出一間合適自己孩子的學校並非易事。假如是公立學校，那是不可以垮區入讀的，所以建議要帶同子女移民台灣之前，最好先選定心儀學校地區，再決定居住地點會比較好。原因是搬屋容易，轉校的話麻煩得多。

　　上一段提到公立學校，來到台灣終於可以有機會讓我可以「考慮」可否讓孩子升讀私立學校呢？

　　絕大部分香港家長當聽到「私立小學」會覺得是遙不可及的事。首先報考人數已經是超額不知多少倍，學費昂貴的驚人，入學要求要拿出

一大堆獎狀及證書、推薦信、個人履歷作品集及父母的教育及職業背景資料等等。

更有一個難題是這些傳統名校都會在偏遠或者是傳統高樓價地段，所以單單要住近一點學校，已經是很令人頭痛的事。

但是換上台灣的「私立小學」就大不同了。單是私立學校的類型都有很多選擇，當我打電話預約到校參觀的時候，沒有一種「拒人千里」的態度。學費方面也有高低之分，但都是可「接受」範圍。

台灣公立小學校園環境方面積比香港大，綠化帶也很多，更有4x100運動場、遊樂場設施等等，課室方面如是歷史太悠久的學校，可能會比較陳舊。

因為台灣出生率偏低的問題及人口流動到不同城市的生活，所以很多學校不同年級都會有學額供轉校生或插班生入讀，而且只要符合入學要求，不論過往成績如何，如學校有學額必需取錄，如果沒有的話可代安排到同區其他學校。

話說回到台灣私立小學，沒有香港的教育商業化及服務周到的感覺，讓你覺得真的是以教學為主。不過私立學校的收生就與公立不同，必須要經過「面試」才能夠入讀，僧多粥少的情況下會出現「後補」的情況，不過「入場券」已經比香港簡單得多，亦不會有萬人空巷排隊面試的場面，總算是有機會去一試。

臺港相對論

26

私小初體驗（二）：
台灣老師 vs 香港老師

文：許思庭

香港教育環境令到老師疲於奔命，要應付教育學生的工作、應付學校校務行政方面的工作，以及更大程度是要應付來自不同家長對學校、對學生、對老師所作出的種種要求。

老實說香港的投訴文化相當嚴重，校方為了避免不必要的麻煩，更不要令到學校加重行政壓力，所以盡量避免學生去嘗試和接觸更多其他事物或者活動等等。

例如學生小息時候活動範圍有限，是為了避免發生意外的風險。就算能夠舉辦一些課外活動，例如出外參觀自然環境等等，學校因為擔心學生有任何損傷，而令到校方遭受家長的投訴，很多時候校方及老師亦感到相當無奈，作為一個教育工作者當然是想將知識帶給學生，拓闊學生視野，相信家長亦相當認同，可是就是因為有部分家長過分的保護，漸漸形成一種香港家長的獨特文化。

另一方面，香港雖曾經有一個教育署推廣的口號：「求學不是求分數」，這個可以說是很好笑的笑話，單單是一個口號，教育制度上沒有改變，家長、學校，甚至整個社會絕大部分人都認同成績分數就是代表一切。最基本上學校的等級都是從分數去斷定，「求學不是求分數」？這不是一個天大的笑話嗎？

因此香港的教育制度漸漸就會形成一種學生的自由範圍狹窄，不停地為考試、為求高的分數，不停地反反覆覆追趕課本內的知識，而課本

以外的世界分數則無關重要，所以無奈地被放棄，學生就變成了不停地追逐分數的小孩。

來到台灣小學的校園卻是另一片天空，每堂課完結之後學生有十分鐘短暫的小息時間，他們自己喜歡跑到那裡都可以，只要限時內回到課室就可以了，甚至跑到籃球場打籃球亦可。在香港的小學是絕對不可能發生這種事情，如果學生離開老師的視線範圍，發生任何意外的話，老師就要負上全部的責任。

台灣的老師不是不會擔心學生的安危，而是從小開始培育他們守紀律的重要性，放手讓他們試試看或許會有更多的發現，同學之間原來會互相幫助，漸漸就會懂得自己照顧自己。

另外，台灣的小學跟大學有一種相似之處就是學生是自己走到不同學科的課室內上課，例如上自然科，學生要自己帶同課本及文具走到自然科學教室，上英語課又要自己走到英語老師的活動教學課室。班主任就是只需要應付自己負責該班學生的課堂就可以，教師無需再考慮四處奔走，教室內已經有班主任的工作空間，大大減低了教師的負擔，更加可以節省時間，這樣就有更充裕的精神去照顧學生，教導學生更多方面的知識。

不同學科的老師有自己專屬的教室，亦可以建立他們的歸屬感，給他們對口的教學科有更多發揮的空間，對教導學生有更多創意。

在台灣的校園有一個畫面，無論是貴族私立學校，還是一般的國立學校，學生都要負責學校的打掃工作，當然老師也會一同幫忙，還有一些校務的工作，這種情景在香港的校園內是天方夜譚。

師生們群策群力把學校變得更美好，大家就會更有歸屬感。隨著歲月一同走過的日子，不知不覺在他們心中，這個學校是成為大家的另一個大家庭。

27

便利店

文：許思庭

便利店在香港最深入民心的宣傳口號是：「總有一間喺咗近。」以解釋得到便利店在香港的密集程度到底是有多厲害。不過亦因為寸金尺土的問題，香港的便利店普遍都是很狹窄。

來到台灣生活以後，便利店繼續成為生活的一部分，但是與香港比較有另一番體會，一返全新感受。

在台灣的便利店，最主要是香港人所熟悉的 7-11 及日本也有的全家 My Family，在台中很多便利店面積都很大，大部分設有「用餐區」，即時在便利店來購買飲品及食品，也可以讓你坐下來用餐。單單是微波爐急凍食品種類已經讓你眼花繚亂，由最普通的芝麻醬冷麵到日式咖哩豬扒飯，你想像得到的食品會有，你想像不到的食品也有，有時候更加會與一些著名食肆合作推出冷凍食品，香港的便利店是叫你自行到微波爐加熱，台灣的便利店是店員幫你加熱，如果是便當類的食品更加會幫你擺放在托盤之上及準備即棄餐具，感覺相當貼心。

或是店舖面積較大的原因，可以買的物品種類更加多樣化，甚至乎連洗潔精、電蚊香、化妝品、紅豆、綠豆或簡便的衣服都能夠買得到。

在香港生活的時候生活節奏急速，為了工作四處奔走，有時候想找個地方來休息，其實也不容易，除非你願意花錢去買空間及時間，例如到連鎖咖啡店，不過對我來說實在太高的消費，還有空間感真的是很壓迫及很嘈吵。

　　台灣便利店「用餐區」有大有小，對我來說其實是一個忙碌生活中的偷閒加油站。若覺得咖啡店的消費很貴，其實台灣便利店的咖啡也是一個不錯的選擇，有時候更會有一些精選的上等咖啡豆調配的咖啡，當然價錢會比普通的貴一點點，所以是豐儉由人。

　　或者凌晨時分可以與朋友在便利店一邊喝冰啤酒及一邊吃零食，把酒言歡到天亮也可以。還記得有一次與一位香港的老朋友晚飯後，覺得意猶未盡，所以到便利店買了一瓶紅酒，還有很多款口味的台灣啤酒及零食，談天說地，不亦樂乎。店員不知道我背包裏面早有準備，還很貼心拿出一個紅酒的開瓶器給我們使用。

　　雖然用餐區是這麼便利，但當中都有一些規則希望顧客遵守，例如不得在用餐區睡覺、吃外來食物、長期霸占、用餐後自行清理桌面，不準賭博及酗酒等等。

　　還有就事台灣的便利店真的讓你感到生活很便利，基本上每一間便利店都會設有影印機及提款機，更是購物網站訂購貨品的取貨點、投寄速遞包裹的交收站。便利店亦是各類型「商業及政府服務」的統一收費中心，例如：手提電話的服務月費、水電煤費用、政府時租停車費、大廈管理費都可以在便利店內完成繳款手續。

　　另外，很難想像得到便利店會提供洗手間給顧客使用，甚至乎有一些便利店門外有私家車停車格供給顧客使用等等，在香港自然是天方夜譚。

28

書店文化

文：許思庭

　　來自台灣的誠品書店已經在香港經營了一段日子，但是香港人來到台灣旅遊「逛書店」仍然是他們的指定動作或者是拍照打卡的「聖地」。

　　香港的大眾書店突然間宣布全面結業，反而之後誠品書店卻在香港擴充業務，實在令人摸不著頭腦。在台灣生活一段日子就會感受到「書店」在台灣到底是什麼一回事，到底與香港的書店又有何分別？

　　最大的分別其實就是台灣能夠做到「以人為本」。閱讀是一件很個人的事，逛書店，挑選喜愛的書本同樣也是很個人的選擇，就算是與親友結伴一齊去書店，都會有「分頭行動」的時候。台灣書店傾向於要有足夠的空間，讓人有舒適自在的感覺，你才會願意花時間慢慢去挑選。香港書店絕大部分因為租金昂貴問題，希望能夠做到「貨如輪轉」的速度去增加營業額。客人流量越高，生意額的比例將會越高，所以大部分香港的書店不會設有座位讓顧客休息，寧願擺多一個貨架更好。

　　或許也是一個世上有雞先還是有蛋先的問題，香港的書店銷量最高的，大部分都是財經、命理、旅遊或升學之如此類的工具書，所以書店是香港人生活工具一部分嗎？

　　相反，以台灣誠品書店為例，經營理念是「人文生活」，即時要將「誠品」變成一種生活態度，一種生活品味的定位指標。漸漸地在誠品裡面出現的不單止是書本，還有各式各樣的生活物品，衣食住行也好，文具也好。至少也會在店內還有座位提供，讓你留下來花多一點時間，

慢慢地感受；讓你慢慢地喜歡這個書店。不知不覺間建立起一種無形關係，顧客自自然然地就會再回來。

香港寸金尺土的問題無奈被迫要向營業額低頭，時間就是金錢，哪有時間跟客人建立感情？書店雖然以「文化」為名，不過到最後仍然是以「價格戰」來吸引消費者。之所以在台灣網路購物十分之流行，發展也很成熟，大家其實也可以在網路上買書，不用到書店也可以。台灣書店的經營者應該是很早期的時候已經能夠洞悉先機，明白到將來的消費模式有可能會被改變。

未雨綢繆已把台灣書店文化這一艘大船改變了航行的方向，走向了文化與生活的態度經營模式。再者「文青」在台灣這個社會也可以找到空間讓自己發揚光大，最重要是真的有消費者願意消費，實實在在用金錢能夠讓這些文青可以維生，反之香港生活成本太重，「文青」這麼多年以來未能夠在香港成為氣候，也是其中一個原因之一。

台灣誠品為例，是一個能夠讓「文青」實現他們的夢想及理念的平台，但願有一天香港也能夠做到吧。

29

兩地銀行的非常差異

文：許思庭

　　現代都市人使用銀行服務，我相信是生活中不可缺少的一環，在香港生活也好在台灣也是，所謂一處鄉村一處例，來到台灣就要重新適應這裡的銀行服務。

　　香港主流的銀行，例如：渣打銀行、匯豐銀行及星展銀行等，在台灣反而是少數。開新戶口的話在香港帶備身分證明文件及住址證明，基本上已經可以，不過台灣的銀行卻要你帶備一個刻有你的名字的印章，如果是公司戶口更加需要公司印章。

　　對於要帶「印章」到銀行以及要好好保管自己的「印章」，給我的印象是老人家的一代因為不懂得簽名所以才如此。當時一聽到要用「印章」馬上有一種歷史久遠而懷舊的感覺。

　　在台灣規模大大小小的銀行相當之多又成行成市，銀行的裝潢設備大部分都及不上香港的這麼有時代感，就算連香港銀行員工製服都相當亮眼。當初接觸台灣的銀行有一種返回到香港 80 年代的感覺。

　　只不過凡事不可以單看表面就判定是好是壞，既使香港美輪美奐的銀行，其實我也很怕要使用到銀行的櫃檯服務，原因是「排隊」，嚴格來說與「罰企」沒有什麼分別，有時候排隊的人很少，但排隊的時間很長。在銀行排隊要經歷漫長的等待，有一種很浪費時間的感覺。

　　相反台灣的銀行基本上大部分都設有座位讓客人等候，暫時都未遇過座位不足的情況出現。還有是冷熱飲水機，無論你是不是 VIP 客戶都可以使用。

　　還有一樣就是例如在台灣匯款或存錢等等，很多時候會用到香港人稱之為的「入數紙」，台灣採用的是「過底紙」，每一次填寫的時候都要很用力，而且要填寫的資料亦相當之多，所以每次要到銀行辦理一些交易的時候，都必須要預留充足的時間。

　　台灣銀行職員的態度很多都很友善，不同的銀行填寫的方法及資料各有差異，很容易會寫錯或者填漏，銀行職員很多時候都很有禮貌地提醒你，甚至乎幫你作出更改。

　　關於開立新戶口方面，身分證明文件也不可以只帶備身分證，還需要你提供「健保卡」或「駕駛執照」等等，作雙重認證，所以如果你以香港經驗，跑到台灣銀行開立新戶口，我相信你必會失望而回。

　　另外，香港開立銀行戶口，「支票簿」基本上是附設的項目，但是在台灣要開辦支票簿原來是非常嚴格及困難的事情。

　　香港的銀行服務，除了恆生銀行及匯豐銀行提款卡可以在兩間銀行之間互相使用，印像中沒有其他銀行可以這樣。台灣的跨行服務卻是令我大開眼界，只要你到任何一間便利店不論是什麼銀行的提款機，你也可以使用任何一張提款卡去提款及處理其他銀行的交易，基本上是十分方便，不存在到處找不到合適的提款機問題。

　　當然這項便利是需要成本的，每次使用過後，櫃員機的所屬銀行會於該筆交易款項中收取新台幣 5 元作為手續費，在我而言是值得的。

臺港相對論

30

生病怎麼辦

文：許思庭

人總會生病的，所以移民台灣前都有先了解一下當地的醫療制度及收費等等。網上了解是一回事，當生了病要去求醫才能夠實際感受到台灣的醫療又是什麼一回事。

很多人都稱讚台灣國民醫療健康保險制度做得很好，令到國民健康得到保障，亦成為大部分台灣移民公司向香港客人推銷的一大賣點。例如在年老的時候不用擔心醫療費會十分昂貴及不用排期輪候等得太久。

生活在香港是很怕要到公立醫院，例如俗稱「輪街症」，除非迫不得已都不願意去面對，因為輪候的人實在太多而且環境擠迫。更可怕的事就是要到急症室求診，假如你接受初步評估後，被列為最低級別的第三級，那麼等候的時間超過十二小時也不足為奇。

因此在香港生活假如生病了很多時候都是到私家診所求診，或者是私立醫院的門診部等等。

香港這種情況及現象正與台灣相反，很多時候在台灣生病了大家首選都是會到醫院求診，醫院內已經就不同病情分門別類，你根據指示走到有關單位把你的「國民保健卡」插進機器內就已經完成登記輪候的手續。甚至乎可以用網上登記，透過手機 app 就已經可以知道輪候的情況。或者是因為已經分類好的關係，根據我的個人經驗輪候時間也不算很久。

經醫生診斷後，領取藥物速度也算快，如果沒有額外非國民保健範圍包括的藥物，診金其實是相當便宜，藥物份量亦相當之「充足」。

　　當然你也會看到台灣亦有私家醫生開設的診所，如果診所的櫥窗貼上了國民保健的標誌，即是代表可以憑「健保卡」減省收費，當然私家醫生沒有損失，因為醫療費用將會由政補貼差額。

　　這樣間接地分流了一部分，症狀較輕的病人轉到了私家診所求診。又或者一些例如：視力檢測或洗牙這類型的醫療保健問題，市民都可以得到保障。

　　自己曾經試過視力忽然變得模糊，對焦好像有問題，所以要到一間眼科醫生的診所作視力檢查。整個檢查詢問詳細，還使用了很多不同類型的檢測儀器。沒有健保卡診金為新台幣$750，使用健保卡診金只須新台幣$150。

　　不過也不要因此開心得太早，有一些手術假如超出國民保健計劃包括範圍的話，超出的費用就需要自行承擔，例如一些大型手術，好像是心臟病。假如你的經濟情況有困難的話，就可以另外從其他途徑向政府申請補助。

　　無論台灣的醫療制度是怎樣的好，注意自己健康才是最實際。就算定期乖乖繳交國民保健計劃的費用，即使享有免費的大型手術，我相信你也希望沒有機會「享用」反而會更開心。

國家圖書館出版品預行編目資料

臺港相對論／容飛、鄭湯尼、老溫、剛田武、華希恩、列當度、許思庭　合著.
—初版.—
臺中市：天空數位圖書　2021.01
　　面：公分
　　ISBN：978-986-5575-17-5（平裝）

541.28　　　　　　　　　　　　　　　　　　　　　　　　110000553

書　　　　名：臺港相對論
發　行　人：蔡秀美
出　版　者：天空數位圖書有限公司
作　　　者：容飛、鄭湯尼、老溫、剛田武、華希恩、列當度、許思庭
編　　　審：白雪
攝　　　影：老溫、阿飛
製 作 公 司：知峰有限公司
版 面 編 輯：採編組
美 工 設 計：設計組
出 版 日 期：2021 年 01 月（初版）
銀 行 名 稱：合作金庫銀行南台中分行
銀 行 帳 戶：天空數位圖書有限公司
銀 行 帳 號：006-1070717811498
郵 政 帳 戶：天空數位圖書有限公司
劃 撥 帳 號：22670142
定　　　價：新台幣 450 元整
電子書發明專利第 I 306564 號　　　　　　　　　版權所有請勿仿製
※　如有缺頁、破損等請寄回更換

Family Sky

紙本書編輯印刷：
電子書編輯製作：
天空數位圖書公司 E-mail：familysky@familysky.com.tw　http://www.familysky.com.tw/
地址：40255台中市南區忠明南路787號30F國王大樓　Tel：04-22623893　Fax：04-22623863